Nuestro Gobierno local

Fragmentar el problema

Leona Fowler

COMPUTACIÓN CIENTÍFICA EN EL MUNDO REAL™

Rosen Classroom™

Publicado en 2018 por The Rosen Publishing Group, Inc. 29 East 21st Street, New York, NY 10010

Autor: Leona Fowler
Traductor: Alberto Jiménez
Directora editorial, español: Nathalie Beullens-Maoui
Editora, español: María Cristina Brusca, Editora, inglés: Caitie McAneney
Diseño del libro: Jennifer Ryder-Talbot

Todas las ilustraciones por Contentra Technologies

Library of Congress Cataloging-in-Publication Data

Names: Fowler, Leona.
Title: Nuestro Gobierno local: Fragmentar el problema / Leona Fowler.
Description: New York : Rosen Classroom, 2018. | Series: Niños digitales: Superdotados con pensamiento computacional/ Computación científica en el mundo real | Includes glossary and index.
Identifiers: LCCN ISBN 9781538357743 (pbk.) | ISBN 9781538328897 (library bound) | ISBN 9781538357750 (6-pack) | ISBN 9781538357767 (ebook)
Subjects: LCSH: Local government--United States--Juvenile literature.
Classification: LCC JS331.F69 2018 | DDC 320.80973--dc23

Créditos fotográficos: Cover Darryl Brooks/Shutterstock.com; p. 4 (main) Lane V. Erickson/ Shutterstock.com; p. 4, 12 (badge icon) Rauf Aliyev/Shutterstock.com; p. 7 trekandshoot/ Shutterstock.com; p. 7, 16 (gavel icon) T-Kot/Shutterstock.com; p. 8 Tony Baggett/ Shutterstock.com; p. 8, 20 (recycle icon) EveeKamp/Shutterstock.com; p. 11 jiawangkun/ Shutterstock.com; p. 11 (bus icon) musicman/Shutterstock.com; p. 12 John Roman Images/Shutterstock.com; p. 15 MiQ/Shutterstock.com; p. 15, 19 (tree icon) The Leon King/Shutterstock.com; p. 16 sirtravelalot/Shutterstock.com; p. 19 MaxyM/ Shutterstock.com; p. 20 Rawpixel.com/Shutterstock.com.

Fabricado en Estados Unidos de América

Información de cumplimiento CPSIA Lote #WS18RC: Si desea más información póngase en contacto con Rosen Publishing, New York, New York, teléf. 1-800-237-9932

Contenido

En el Capitolio de Estados Unidos se elaboran las leyes del Gobierno federal.

Responsabilidades del Gobierno

Estados Unidos tiene más de 325 millones de habitantes. ¿Cómo puede el Gobierno hacerse cargo de tantas personas? Dividiéndose en varios niveles que se reparten las responsabilidades. El Gobierno federal imprime dinero, establece las leyes nacionales y se ocupa de declarar o finalizar las guerras. Además, está dividido en la rama legislativa (que elabora las leyes), la ejecutiva (que las hace cumplir) y la judicial (que las **aplica** para administrar justicia). El Gobierno estatal elabora las leyes estatales, concede **licencias** y gestiona el comercio del estado.

El Gobierno local

Las necesidades y los deseos de la gente cambian de un estado a otro, por lo que es importante contar también con Gobiernos estatales y locales, además del federal. Los Gobiernos locales tienen en cuenta las necesidades de sus comunidades específicas. Proporcionan tribunales locales, **transportes**, asistencia sanitaria, y los **departamentos** de policía y bomberos. También se aseguran de que sus comunidades dispongan de espacios públicos, parques y calles limpios. Fragmentan en tareas pequeñas el gran problema de gobernar a mucha gente.

Gran parte del trabajo del Gobierno local se realiza en un ayuntamiento, tal como este.

El Departamento de Obras Públicas recoge y recicla la basura.

Obras públicas

Los Gobiernos locales están divididos en distintos departamentos que se ocupan de tareas específicas. El Departamento de **Obras** Públicas se encarga de muchos de los espacios públicos de la comunidad y de los edificios públicos, como las oficinas de correo, los centros escolares y los ayuntamientos. También **mantiene** las calles, los puentes y las carreteras, para que la gente pueda conducir, andar en bicicleta o caminar sin correr **riesgos**. Los trabajadores municipales quitan la nieve de las calles, mantienen el **alcantarillado** y colocan las señales de tránsito.

Autobuses y trenes

El Departamento de Transporte ayuda a la gente a desplazarse, porque no todo el mundo dispone de un auto. Hay personas que confían en los autobuses o los trenes para ir al trabajo, la escuela y los comercios. Los autobuses constituyen el transporte en superficie; el transporte subterráneo, que consiste en las partes enterradas del metro y del ferrocarril, traslada con rapidez a los pasajeros por debajo de las ajetreadas ciudades. Los transportes públicos deben funcionar bien, porque muchas personas dependen de ellos a diario.

¡Este autobús está listo para ir al centro!

Los agentes de policía guardan los barrios.

Departamento de Policía

El Departamento de Policía defiende la ley y el orden en la comunidad. Los agentes recorren a menudo las calles y carreteras, en busca de conductores que corran demasiado o conduzcan de forma temeraria. Además, detienen a los delincuentes. También ayudan si hay accidentes de tránsito o de otro tipo. Velan por la seguridad de la gente y escriben un informe sobre lo ocurrido. A veces vigilan las obras para asegurarse de que los autos no atropellen a los trabajadores. Todos podemos llamar a la policía si estamos en peligro o nos sentimos **amenazados**.

Departamento de Bomberos

El Departamento de Bomberos se ocupa de los incendios y de otras emergencias. Los bomberos están entrenados para **rescatar** a la gente atrapada en edificios en llamas. Además, inspeccionan los edificios para ver si corren riesgo de incendiarse y explican a los vecinos la importancia de las medidas de prevención.

También van con frecuencia a las escuelas para enseñar a los niños qué hacer durante un incendio. Acuden asimismo a los accidentes de tránsito o de otro tipo e incluso colaboran en tareas de salvamento acuático.

Los bomberos extinguen grandes fuegos incontrolados.

Los juicios se celebran en salas como esta.

Aplicar la ley

En Estados Unidos hay varios tipos de tribunales. Los tribunales locales se ocupan de casos de su comunidad; los estatales, de casos de **violaciones** de leyes estatales; los federales, como el Tribunal Supremo, de casos relativos a la Constitución del país.

Los tribunales locales se encargan de asuntos como la conducción temeraria o las multas de tránsito. Se acude a ellos para resolver infracciones a las leyes y normas locales: casos de código de edificación; casos de derecho familiar, como los divorcios; y casos de derecho penal, como los robos.

Parques y recreación

Si hay parques en la comunidad se debe al Departamento de Parques y **Recreación**, ya que supervisa la construcción de parques nuevos y el mantenimiento de los antiguos. Este departamento se encarga de comprobar que la zona de juegos sea segura, que la hierba se corte y que la basura se recoja.

También es responsable de ciertas celebraciones públicas, como los festivales comunitarios. Además, suele ofrecer actividades deportivas, artísticas o de servicios comunitarios para niños y adultos.

El Departamento de Parques planta árboles.

Todos los miembros de una comunidad pueden ayudar a mejorarla.

Participación ciudadana

El Gobierno local cuenta con los ciudadanos para realizar ciertas tareas. Hay voluntarios que ayudan a limpiar parques o a dirigir actividades recreativas. Los ciudadanos también participan en los **debates** del ayuntamiento, para explicar sus inquietudes al Gobierno local. Algunos presentan peticiones, cartas firmadas por mucha gente para manifestarse a favor o en contra de algo. Por ejemplo, para solicitar un nuevo sistema de reciclado o más actividades extraescolares.

Quienes creen que sus causas importan pueden trabajar con los líderes locales para mejorar su comunidad.

Reparto de tareas

Los Gobiernos locales se enfrentan al gran problema de ofrecer muchos servicios a los ciudadanos. ¿Cómo lo consiguen? Dividiendo el trabajo en tareas menores y repartiéndolas entre los distintos departamentos.

¿Recuerdas algún momento en que hayas dividido un gran problema en tareas pequeñas? Quizá lograste que tus amigos se encargaran de alguna. ¿Qué problema te gustaría abordar en tu comunidad? ¡No hay problema que se resista si se aprende a fragmentarlo para resolverlo paso a paso!

Glosario

alcantarillado: Sistema para recoger las aguas de lluvia o residuales.

amenazado: Que se siente inquieto por un peligro.

aplicar (una ley): Poner (una ley) en práctica.

debatir: Hablar de un tema.

departamento: Rama de la Administración pública que se ocupa de asuntos concretos.

licencia: Documento que demuestra que a alguien le está permitido hacer algo.

mantener: Conservar en buen estado.

obra: Edificio o terreno en construcción.

recreación: Diversión o relajación.

rescatar: Salvar, liberar de un peligro.

riesgo: Algo que puede causar daño.

transporte: Medio de locomoción para trasladar personas o cosas.

violación: Acción y efecto de infringir o transgredir una ley o precepto.

Índice